AF607347

DL ZA 169-2025

ISBN: 978-84-18885-63-1

http://www.edicionesinvasoras.com

# VIVA

**Begoña Tena Moya**

**Texto para una actriz, ruidos y cajas.**

**La mudanza. 2020.**

*Una mujer, rodeada de cajas de cartón. Cajas de mudanza. En silencio, las observa. Estática. Por la ventana llegan sonidos de la noche. Y la luz de un farol que se cuela.*

Ante todo, cajas mías:
no tengáis miedo.
He dividido de forma equitativa el peso.
Ninguna sufrirá más que otra.
Todo está resuelto.
Cargaréis retazos,
pequeños fragmentos.
Y, en el desplazamiento,
el roce del pasado
negará el silencio.
No tengáis miedo.
Total, ¿cuántas mudanzas llevamos ya?
¿Cuántas veces creímos que ésta sería la última,
que esta casa sería refugio,
que esta casa, por fin,
sería... hogar?
¿Cuántas veces hemos cambiado de calle
de barrio
de número
de código postal?

¿Cuántas ciudades
y amores
y huidas
y añicos...
hemos transportado ya?
Aquí van los restos de mis vidas.
Aquí van los besos
las cartas
los discos
las llagas
la euforia
la dicha
la ausencia
la calma
la pena
la espera
la niña
la que ríe y llora
la ensimismada
la proscrita
la exquisita
la torpe
la apátrida
la guarra
la extraña
la imbécil

la mística
la mole
la astucia
la dulce
la noche
la bruma
la piedra
la calle
la risa
la lava
la noche
la noche
la noche
aquella noche.
Aquellas noches.
Qué noches...
Tengo una colección de noches
etiquetadas
clasificadas
catalogadas
almacenadas
amontonadas
ninguneadas...
cogiendo polvo.
Para cuando entre la morriña
la pena negra

la melancolía absurda
ese echar de menos parcial y fronterizo
esa nauseabunda necesidad de mirar lo que fui… o inventé
ese homenaje por lo muerto
esa patraña de recordar lo extinguido
esa suave tristeza de rememorar años y verbos y cuerpos.
Y, por todo ello,
os llevo a cuestas…
pequeños panteones
tumbas y pajares
parques y escuelas
y músicas
y amores
y máscaras
y flores
flores secas
y expedientes
y títulos
y diplomas
y medallas
y extractos bancarios
y poemas
y cintas de cassete
y diccionarios
fotografías
capas

vestidos de novia
la cáscara blanca
el velo del ajo
y escapadas
y fotos
y una batidora rota
y un predictor
y una nota
mil tarjetas
una pluma
cien zapatos
tres sombreros
el edredón de plumas
un anillo
un ajuar intacto
cables
auriculares
escenarios
billetes de avión
de tren
de barco
medias agujeradas
tacones
compresas
pintalabios
souvenirs

ibuprofenos
pañuelos de papel
pendientes desparejados
dientes de leche
ecografías
un chupete
un mechón
una caricia
varias muertes
certificados de empadronamiento
el libro de familia...
y el teclado.
El teclado, siempre.
Os llevo a cuestas
me llevo a cuestas
con toda esta basura que voy arrastrando
desde hace ya más de cuatro décadas.
Pero no tengáis miedo.
No tengáis miedo porque...
vamos juntas.
Aunque puede que alguna
por el camino
se haya extraviado.
La dejé olvidada en un portal
el ascensor
el maletero

ay... esa esquina.

Y puede que a algunas... las dejara a posta

pero otras...

otras me las han robado.

Como aquella colección de discos

aquellas castañuelas

aquel pedal de efectos

aquel loop continuo de besos

aquella ingenuidad

aquel pálpito

aquella novedad

aquella ternura

aquel quebranto...

aquella... que eran muchas.

Pero no tengáis miedo

estamos juntas

y vamos a salir...

¡vamos a salir!

¿O vamos a entrar?

¿Vamos... o venimos?

¿Me alejo...

o estoy llegando?

¿Dónde estoy?

***La plaza. 1984.***

*La mujer abre una caja. Pausa. Mira el interior. Pausa. Extrae un minúsculo estuche. Un estuche de maquillaje. Lo sostiene entre sus manos. Y un clavel, seco. Lo huele. Lo huele y escucha. Escucha el rumor de un pasado.*

Hace 40 años que quiero usar esta sombra:

azul cian con destello brillo.

Hace 40 años la vi en unos ojos y quise vestirme igual.

De azul cian.

Era pequeña, cinco o seis años, y aquella noche, mi barrio, era fiesta.

Las calles disfrazadas con banderines y luces

la plaza repleta de mesas infinitas

largos tablones con caballetes y manteles de papel.

Sillas plegables de camping-playa, cubos, taburetes con latas de pintura vieja.

Y bocadillos de tortilla, olivas, porrones, vasos de tubo plástico, neveras repletas de cervezas.

Gritos, petardos, balones volando por encima de nuestras cabezas.

Una cancha de baloncesto acogiendo a un centenar de familias obreras:

gitanos y payos

mercheros

verduleras

obreros de la construcción

amas de casa y carniceras

niños dándole al balón y niñas saltando la cuerda.

Barrio de extrarradio, sucio, feo, recién estrenado

bloques de viviendas pésimas

balcones repletos de lavadoras tendidas ( de blanco y color, nunca se separó. Mi madre, sí).

Barrio de extrarradio con paredes de papel.

Y jeringuillas manchadas de sangre en las puertas de la escuela.

Barrio que crece en descampados donde antes hubo huertos y naranjas

pero también hubo... algodón.

Barrio que se viste de fiesta

y donde todos juntos

emigración peninsular

(maños, gallegos, manchegos, andaluces, serranos, ay serranos, serranos que ahora son playa)

comen y ríen y gritan y bailan al compás de una orquesta que suena violenta:

un teclado sinter que aporrea la escena... y nos gusta, nos encanta.

Pobres bebiéndose la vida porque es fiesta

la fiesta de la fundación de la ciudad

nuestra fiesta

nuestra ciudad...

aunque nadie haya nacido en ella.

Esa noche, hay orquesta.

Y las madres nos lanzan a la calle con un bocadillo y una fanta.

Y los mayores comen y ríen y gritan y miran la orquesta

una orquesta de barrio pero con coristas; y un mago; y uno que cuenta chistes

chistes que yo no logro comprender... pero no me importa.

Todos vestimos igual: vaquero y camisa negra, el uniforme de la fiesta.

Y el porrón.

El porrón sube y baja

el porrón se vacía

el porrón se llena

el porrón, omnipresente.

Y es tarde, y es de noche, pero nos dejan estar en la calle

son las doce de la noche y los chiquillos corremos, saltamos y brincamos

como bestias, animales/

*¡¡Asalvajaos!! ¡Que estáis asalvajaos! ¡Cómo me vuelva a rozar la pelotita...!, ¡¡¡cómo me vuelva a rozar la pelotita!!!*

La pelotita... y ruidos. Y escupitajos. Y petardos. Y cohetes...

Unas mesas largas de hombres y mujeres: borrachos.

Borrachos, discretos.

Y humo, mil cigarrillos.

Mi barrio era humo.

Y la orquesta suena:

seré tu amante bandido

ansiedad

dos gardenias para ti

reloj no marques las horas

no te vayas de Navarra

algo se muere en el alma

yo no te pido la luna

yo, para ser feliz, quiero un camión.

Pues eso, mi barrio, un camión.

Y yo corro

*¡tú la llevas!*

Y me meo

*mamá-me-meo, mamá-me-meo.../Begoñita: o subes a casa, o meas detrás de la papelera.*

Y yo meo detrás de la papelera.

Y me dan otra fanta.

Y un jamón cuelga de una rama... ¿por qué?

Y hace un frío del carajo porque es febrero pero no importa

nos hemos quitado el abrigo

¡en mangas de camisa!

Y ahí estamos. Todos.

Aguantando el frío

la noche

el viento que levanta los manteles de papel

y rasga la cortina de un escenario enclenque

que alberga debajo a una docena de niños

tirando petardos

(y alguno fumando)

*La mare que els ha parit!!!*

¡El comité de fiesta!

Salimos huyendo...

pero agarran a un chiquillo, le dan una hostia y ¡pam!

El chiquillo al suelo

el chiquillo pálido

el chiquillo ojiplático

el chiquillo catatónico

¿pero qué hostia le han dado?

Una hostia... ¡pero qué hostia le dan!

Oye: y nadie dice nada.

Nadie dice nada porque hoy es fiesta.

*Venga p'arriba ese niño*

*dale una coca-cola al chiquillo*

*va, que aquí no ha pasao na...*

*venga esa plazaaaaaaaaa*

Y la plaza está llena de ruidos, de gritos, de redoble de tambor, de teclado chirrioso.

Huele a churros, a pólvora, a sudor y a laca.

Cacofonía obrera que sacude las penas

bebiendo un porrón en compañía

tocándonos los unos a los otros

en una comunión de vida ya casi... extinta.

La gente

de una mesa a otra

se habla

se grita

se lanzan mecheros y buñuelos

y bolsas de hielo para esos cubatas

cargados con el ansia de olvidar los turnos

las cuotas

el paro

la hipoteca.

*¡Ponme otro cubata, coño, ponme otro cubata!*

*Libre, libre quiero ser, quiero ser, quiero ser libre/ ¡Conchi!, ¿va ese cubata o qué?*

*Manolo: póntelo tú. Quiero ser, quiero ser libre...*

*¿Libre?, ¡¿libre?! Me cagüen tu puta madre... libre*

Pobres, bebiéndose la vida, de un trago.

Bebiéndose la vida mientras la pista

esa cancha de baloncesto

se llena de parejas que bailan

bailan

bailan mal

bailan fatal

pero no les importa porque suena... la lambada

el baile prohibido

y arriman sus cuerpos como pueden.

Y se ríen... y se tocan.

Y el vecino del cuarto baila con la del sexto.

Y hay corrillos que murmuran.

Malas miradas, desplante, celos.

*Uy, la del sexto... la del sexto*

No dicen: *uy, el del cuarto, el del cuarto...* no: la del sexto.

Y el del estanco se sube encima de la mesa e imita a Felipe González

El del estanco se sube encima de la mesa e imita a Felipe González bailando la lambada.

Yo no sé si el del estanco, baila la lambada, e imita a Felipe González

o, el del estanco, imita a Felipe González, ¡que es quien está bailando la lambada!

Yo no lo sé. Es raro.

Pero todas le aplauden, todas le aplauden porque es el más

*¡guapo!, ¡gua-po!... es el más guapo*

*sí... es el más guapo, pero un pesetero.*

Y con la lambada todo se mueve

frenético

abigarrado

mezclándose los cuerpos, las pupilas, los pálpitos.

Hálitos de gente que por un instante... son felices.

Todo es ruido

todo es rápido

todo es vértigo...

hasta que sale él.

Él.

Él en el escenario y el mundo se para.
Mi mundo de seis años se detiene, de golpe, en seco.
Ya no hay gente, ya no hay baile, ya no hay tiempo.
Mis ojos se han quedado pegados a ese hombre.
Solo existe su presencia.
Un hombre que viste de blanco.
Un traje brillante.
Y la luz.
La luz que ilumina ese traje de cristales
purpurina ardiente...
Un ángel, yo vi un ángel.
Con la cara altiva
los labios cereza
y esos párpados...
azul cian.
Canta
y yo voy flotando hasta el borde del escenario
le miro estupefacta
ensimismada en esa nube blanca que es su voz...
Y una gargantilla en el cuello
bisutería
pero que yo contemplo como joya única y divina.
Un hombre vestido de blanco
con una gargantilla de cristales
y botas de tacón cubano.
Lentejuela alada.

Todo él es un brillante.

Y yo no puedo moverme.

Pues los focos amplían su presencia en un rebote lumínico de mil colores.

Tengo seis años y me he enamorado de un ángel

de ese traje de pedrería plástica

de su voz.

Hechizada en esas notas que no canta

sino vive.

Pues su voz, su voz, vive.

*Nadie sabe, nadie sabe*

*pero todos lo quieren saber*

*ni la llave, ni la clave*

*de mi cómo, mi cuándo y porqué.*

Yo escuchaba aquella letra

y creía que me hablaba de algo profundo y extraño.

De algo sagrado y misterioso.

La llave, la clave...

¡Yo también quería saber!

Él se mueve con la seguridad de aquel que encierra un misterio inquebrantable.

Una fe luminosa que extiende en su garganta y en sus ojos cian.

Canta y el mundo se detiene en aquel hombre brillante

en esas pestañas infinitas

en esos pies coronados por una sombra de cian.

Cian, cian, cian.
Y aquella cara irreal
aquel rostro maquillado como una estatua
con los pómulos salientes y afilados
el mentón alto
el cabello pegado
y esas manos
esos dedos
esas sortijas
ese traje chaqueta de purpurina blanca....
me conmueve, me estremece, quedo presa.
Soy devota de aquel ángel
de aquella maravilla que se cuela en mi alma
alma de niña pequeña
fascinada, hechizada, absorta...
hasta que llegan las voces:
las voces.

Vienen del fondo
voces que yo conozco
voces que quiebran el éxtasis
voces como puñales
voces que aúllan:
MARICÓN.

Maricón, y al instante, la gente se ríe

la gente se destroza la garganta en una carcajada que me hiela la sangre...

Yo les miro, aterrada.

Y ellos

mis vecinos

mis mayores

compatriotas de mi misma calle

ellos, se deforman como espectros

en esa risa sucia y salvaje.

¡MARICÓN, MARICONAZA!

Gritan aquellos imberbes subidos a la reja

aquellos hermanos mayores que se creen muy hombres

refugiados en la lejanía de la trinchera.

Gritan y gritan y gritan

¡MARICÓN, MARICÓN, MARICÓN!

Pero él

imperturbable

ausente de esas voces

hermoso

vibrante.

Él, sigue cantando

sigue cantando

*a la orilla de tu boca*

*cuidé yo*

*como una loca*

*poniendo mi vida en él*

¡MARICÓN, MARICONAZA!

Busco amparo
Busco amparo en mi amiga del alma
A mi lado está riendo y yo pregunto
*¿pero qué es maricón?*
*que le gustan los hombres, boba...*
*¿y... ?*
*pues eso: maricón.*
Y yo sigo sin entender la palabra.
Pero entiendo muy bien el sonido del odio
del asco
del desprecio.
El sonido de ese aullido que ha roto mi corazón...
Y noto
noto crecer algo pesado
y oscuro
y que asfixia...
¡me asfixia la entraña!
Noto, vibro, siento
por primera vez en mi vida
siento...vergüenza.
Vergüenza por ser parte de ellos.
Vergüenza por vestir como ellos.
Vergüenza por comer como ellos.
Vergüenza por vivir en ese barrio sucio y feo.

Quiero matar.

Tengo seis años y quiero matar esas voces para salvar mi reino.

Todo era bello y hermoso.

Todo era eterno y sincero.

Disfrazada la noche con purpurina brillante

sombra de azul cian

garganta y sueño...

aquel disfraz era más real que todo nuestro barrio entero.

Aquel disfraz... era más real.

Y lloro.

Tengo seis años y lloro.

De impotencia.

De rabia.

De ardiente deseo por aniquilar a esos monstruos.

Y mi amiga del alma sigue riendo

y yo no entiendo

¡y la desprecio!

Nunca más volveré a jugar con ella. Nunca más.

Pero él... sigue cantando, sigue cantando

y yo le guardo los pasos.

Quiero protegerle siempre.

Quiero que mis ojos le cubran.

Quiero aislar esas voces en mi puño.

Quiero que solo suene su voz en mi cabeza, en el aire, en la noche.

Y lo consigo.

Porque él no frena, no hay duda, no hay quiebro...

Él canta mirando el cielo, las estrellas...

y a mí.

Le canta a mis lágrimas...

y sonríe.

Sonríe a una niña aferrada a la madera del *tablao*.

Un clavel de su boca cae en mi pelo...

y yo lo agarro como un trofeo

apretándolo en mi pecho.

Él está a salvo...

No le rozan, no le importan...

Intuyo que ese hombre es de otro reino.

Aquella dignidad en el gesto

aquella aristocrática estampa del que eleva la voz por encima del resto... susurrando.

Pero las voces...

pellizcan

y arañan

MARICÓN, MARICÓN, MARICÓN

Hasta que nace otra voz

nace otra voz

una voz profunda

una voz de mujer:

Luisa, la gitana rubia.

Una mole de setenta años y doscientos kilos.

Una voz que se alza en la noche

y grita:

*¡No es maricón, es artista!*

¿Artista?

Artista...

Y aquella palabra se quedó flotando en el aire

y se agarró a mis sienes.

Y fue ahí, justo en ese momento, justo en ese instante,

cuando descubrí, quise creer, llegué a imaginar

que en esta raza de seres humanos

había otra estirpe

otra casta

otra saga

una que no se ciñe a hombres y mujeres

una que es capaz de reinventar todas las máscaras

¡todas las pieles!

No hay edad, no hay género, no hay sexo, no hay cláusula, no hay cárcel....

¡Artista, artista!

Y lo supe.

Yo quería ser como él:

valiente, brillante... y artista.

Yo quería ser maricón.

*¿Maricón? ¡Yo!*

*¿Maricón? ¡¡¡Yo!!!*

Y las bestias se apagan.
Porque toda la cancha de baloncesto
toda la primera fila de aquel escenario enclenque
se inunda de ancianas
de moles
de viejas
de jubiladas
de enfermas
de reumáticas
de viudas
¡de pobres!
que gritan, aplauden y suspiran ¡ole!
*¡Ole!*
Ellas
mis heroínas
heroínas de mi infancia
vitorean al ángel
y me hacen creer que somos sueño.

El viento ha roto la cortina.
Hace frío, es invierno...
pero yo soy fuego.
Porque yo
con ellas
aquellas ancianas pioneras de barrio periférico
aquellas Dianas

aquellas vikingas

aquellas niñas de 70 años...

yo

con ellas

¡me siento pueblo!

Otro pueblo.

Otra

*¡O-tra, o-tra, o-tra, o-tra...!*

Tenía solo seis años.

Aquella noche vi el azul cian en unos ojos.

Un ángel.

Rafael Conde Santiago:

El Titi.

## LA NATI — . 1991.

*De una caja, la mujer extrae un cubo, una fregona y una botella de lejía. Con ellos se transmuta en la Nati, quien friega el suelo de su casa mientras, despistadamente, tararea. Friega con brío, mientras se oyen los ruidos de la calle que entran por la ventana. La ventana del deslunado: televisores, niños, ollas exprés silbando, motocicletas y autobuses, cordeles deslizándose con coladas recién puestas, cadenas del ascensor, tuberías y radios. Una vecina, llama.*

**PILAR** — ¡Nati, Nati!

**NATI** — *(Llegando a la ventana)* ¿Qué pasa?

**PILAR** — ¿Has *cenao*?

**NATI** — No... ya no ceno... a partir de las seis de la tarde ya no como nada... solo la fruta, manzana, venga manzana... manzana asada... ¡ay qué martirio con la manzana...! ¡Chica, qué fruta más sosa!

**PILAR** — He hecho croquetas, ¿quieres?

**NATI** — Que no puedo.

**PILAR** — Para mañana, chica...

**NATI** — Que no me conviene.

**PILAR** — ¿Pero quieres?

**NATI** — Bueno... luego subo, cuando se me seque el suelo del pasillo.

**PILAR** — ¿Pero a estas horas estás fregando?

**NATI** — Chica, cuando puedo...

**PILAR** — ¿Y con la de pisos que has *limpiao* hoy, aún tienes ganas de limpiar el tuyo?

**Nati** — Pues no; pero, mira, mientras friego no pienso... Y eso es lo que a mí me conviene: no pensar tanto.

**Tica** — ¡¡Nati!!!

**Nati** — ¿Qué pasa?

**Tica** — Corre, pon la tele, ¡que ya está la niña!

**Pilar** — ¿Pero no era el domingo?

**Tica** — No, es hoy... ¡corre!, ¡pon Canal 9!

*Nati suelta el mocho, agarra el mando de la tele y la enciende. Pasa canales rápidamente hasta que se escucha un concurso televisivo.*

**Presentador** — I hui tenim ací estes tres xiquetes tan guapes que han arribat a la final... Les tres tenen unes veus prodigioses, però només una pot guanyar el premi i, per això, no ho obliden, han d'estar molt atents i telefonar per votar la seua favorita...

**Nati** — ¡Pero qué guapa está mi niña!

**Fina** — ¡Nati, la chiquilla está en la tele!

**Nati** — ¡Ya la veo!

**Presentador** — La nostra centralita telefònica s'obrirà en breus instants... criden per votar i entraran en el sorteig d'un cap de setmana a Benidorm amb el tots gastos pagats.

**Tica** — Yo ya estoy llamando, pero todo el rato comunican.

**Fina** — Pero primero tiene que cantar.

**Pilar** — ¿Y ese pelo que lleva?

**Fina** — La toga ... toda la mañana la he tenido con la toga puesta, a ella y a su madre.

**Nati** — Está preciosa.

**Pilar —** Pero maquillada como una puerta.

**Nati —** ¡Está preciosa y punto!

**Pilar —** Tanto maquillaje le hace mayor...

**Fina —** Es que la tele cambia mucho a las personas.

**Pilar —** Dicen que te pone gorda.

**Nati —** Gorda estás tú, de tanto comer croquetas.

**Encarna —** Vecinas, ¿ya habéis llamado para votar?

**Tica —** Comunican todo el rato.

**Encarna —** Llama con el móvil... que va mejor.

**Pilar —** Pero si aún no han cantado, ¿la gente que va a votar?

**Fina —** Tú llama y vota... ¿o es que tienes dudas y vas a votar a las otras?

**Pilar —** No, Dios me libre...

**Nati —** ¡Qué guapa está!

**Pilar —** Pues por la chiquilla, esta mañana he ido a la iglesia y le he puesto una vela a San Nicolás.

**Fina —** ¿Pero tú eres creyente?

**Pilar —** Solo de San Nicolás.

**Tica —** Comunican todo el rato, todo el rato comunican.

**Encarna —** Llama con el móvil, que va mejor.

**Juanjo —**¡Mamá!...¿y la cena?

**Fina —** En el microondas.

**Paco —**Fina, ¿dónde está el mando de la tele?

**Fina —** ¡*Guardao*!

**Paco —**¡Pero que hoy hay fútbol

**Fina —** Como me cambies de canal me divorcio, Paco, ¡me divorcio!

**Paco** —¡Pero que juega el *Madrí*!

**Fina** — ¡Pues vete al bar!

**Nati** — ¡Silencio, silencio!

**Presentador** — I ara és el torn de la següent concursant... Com et diuen, bonica?

**Niña** — ¿Mi nombre verdadero?

**Presentador** — Eh... sí...

**Niña** — Mi nombre verdadero es Cristal.

**Presentador** — Cristal, ja...I quants anys tens, Cristal?

**Niña** — Ocho y medio...

**Presentador** — Portes un vestit blanc preciós, amb este llaç tan gran, i estes pedreries...brilles com un diamant!

**Niña** — Me lo ha hecho mi vecina Nati.

**Tica** — ¡Ay Nati, que te ha *nombrao*!

**Fina** — El vestido es precioso, precioso... ¿Cuándo me haces a mí uno igual?

**Nati** — Como que te va a quedar bien a ti un vestido así...

**Encarna** — Uuuuyyy... Y toda esa pedrería que lleva

**Nati** — Una a una se la he *cosío*.

**Encarna** — Eso os habrá *costao* un dineral.

**Nati** — Pues un ojo de la cara, sí señora...

**Fina** — Es precioso, Nati, precioso.

**Nati** — Gracias...

**Tica** — Mi niña quiere uno igual.

**Nati** — Tu niña, *¿pa qué*? Eso es un traje de artista.

**Tica** — Pues el día de la comunión yo se lo planto y que me diga lo que quiera la catequista.

**NATI** — ¡Ay por Dios!¡Callar ya! A ver qué dice...

**PRESENTADOR** — Cristal, d'on vens?

**NIÑA** — De Castellón de la Plana.

**PRESENTADOR** — Estàs nerviosa?

**NIÑA** — Un poco...

**PRESENTADOR** — Bé tranquil·la... ho faràs molt bé, segur. Amb qui has vingut al programa?

**NIÑA** — Con mi madre y con mi abuela.

**PRESENTADOR** — I ton pare s'ha quedat a casa?

**NIÑA** — No, mi padre está muerto.

**PRESENTADOR** — (*Pausa*) Eres orfa?

**NIÑA** — ¿Qué dice?

**PRESENTADOR** — Que si eres huérfana...

**NIÑA** — De padre.

**PRESENTADOR** — Segur que ton pare des del cel t'està mirant i es sentirà molt orgullós de tu

**NIÑA** — No lo sé, nunca lo he conocido.

**NATI** — Carroña, basura, sinvergüenzas... ¿a quién se le ocurre preguntar esas cosas a una niña a punto de cantar? ¡Basura!

**PRESENTADOR** — Estàs preparada?

**NIÑA** — Sí...

**PRESENTADOR** — Vols primer saludar a algú?

**NIÑA** — Sí... quisiera saludar a todos mis compañeros de 3ºB del colegio público Vicente Blasco Ibáñez, a mi tutora Mari Llanos, a mis tías y primos del pueblo, a mis amigas de gimnasia rítmica, a Doña Rosa por hacer la colecta para el vestido, al señor Pepe que nos ha traído en coche hasta Valencia, a mi mejor amiga Judith Torres Monterde, a toda la gente de mi barrio, Grupo Grapa, y en especial a todas mis vecinas del bloque catorce que me estarán mirando ahora.

**Nati** — ¡Ole, ole mi niña!

**Fina** — ¡Nos ha *nombrao*!

**Nati** — Es que es un sol, ¡esta chiquilla es un sol!

**Presentador** — Mol bé... i què faras si guanyas? Recordem que el premi és un milló de pesetes... i un cotxe, un Ford Fiesta!

**Niña** — Si gano, con el dinero pagaremos la hipoteca y mi madre se sacará el carnet de conducir para llevarnos a la playa a mí, a mi abuela y a mi vecina Nati, que es como mi segunda madre y nunca se ha bañado en el mar.

**Tica** — Mira que te quiere esa niña, Nati...

**Nati** — Y yo a ella... es un sol, esta chiquilla es un sol...

**Presentador** — Mol bé, estàs preparada?

**Niña** — Sí.

**Presentador** — Doncs, agarra el micro i... l'escenari és teu... Un fort apladiment per a Cristal, de Castelló de la Plana!

**Fina** — ¡Ya va, ya va!

**Nati** — ¡Callaros!

**Tica** — El teléfono sigue comunicando.

**Encarna** — Llama con el móvil, que va mejor

**Tica** — Que yo no tengo.

**Encarna** — Sube al quinto y pídeselo a Agustín

**Fina** — Shhh, que ya empieza

**Nati** — ¡Ay, mi vida, no te pongas nerviosa... !

**Tica** — Qué porte tiene la chiquilla.

**Fina** — Mira, mira su cara... qué *concentrá*.

**Encarna** — Si es que se transforma, parece otra...

**Nati** — ¡Callar!

**Tica** — Es una artista, una artista.

**Encarna** — Qué elegancia.

**Tica** — ¿De dónde habrá sacado esa gracia?

**Encarna** — De aquí, del barrio, no...

**Fina** — Es que es muy instruida, se ha leído todas las revistas de mi peluquería.

**Nati** — Shhh... que ya va.

**Fina** — Mírala, mírala, mírala... empieza con los ojos *cerraos*

**Encarna** — Si es que está como en trance.

**Tica** — ¡Agustín, abre, déjame el móvil!

**Agustín** — ¿Otra vez? ¡Oigan: que yo no soy la Telefónica!

**Tica** — Tacaño, como la chiquilla no gane por tu culpa, ¡te echamos de la finca!

**Agustín** — ¡Pero si soy el presidente!

*La niña comienza a cantar las primeras frases de la canción. Toda la finca queda en silencio sepulcral; solo se oyen los televisores de todas las puertas del edificio, una voz multiplicada que canta y resuena en cada poro del bloque 14 del Grupo Grapa. Nati sube el volumen de su televisor y frente a la pantalla, mueve los labios siguiendo cada letra que entona la niña, con una adoración y devoción infinita. De golpe, suena tímido el timbre del interfono. Nati lo ignora. Vuelve a sonar más largo. Nati lo registra pero sigue aferrada a la pantalla. Al poco tiempo, vuelve a sonar insistente.*

**Nati** — ¿Pero quién llama a estas horas? *(Descuelga el interfono)* ¿Quién es?

**Hijo** — Mama, soy yo, abre...

*Nati cuelga el aparato, pálida, en shock. Al instante vuelve a sonar. Muchas veces. Nati, asustada, sube el volumen del televisor, intentando bloquear el sonido del interfono. No puede articular palabra. Sigue sonando el timbre del portal. Se oye la voz del hijo colarse por la ventana.*

**Hijo** — Mama, por favor, abre la puerta, déjame entrar... Por favor, mama, abre, abre, soy tu hijo... ¿por qué no abres?, ¿por qué me dejas solo? Mama, te necesito, ayúdame... no puedo solo, por favor, mama... solo quiero entrar en mi casa... es mi casa, mama... tengo frío... ayúdame mama, ayúdame, por favor... mama, abre, abre la puerta, ¡abre la puerta hija de puta!, ¡abre la puerta o la reviento!

**Agustín** — ¿Otra vez?, ¿otra vez va a montar el numerito?

**Encarna** — Es que ya no podemos vivir en paz...

**Fina** — ¡Sinvergüenza, deja a tu madre tranquila!

**Pilar** — ¡Mangante, la vas a matar a disgustos!

**Tica** — Llama a la policía, Agustín, llama otra vez.

**Agustín** — Pero si en una hora lo van a dejar suelto

**Hijo** — Mamaaaa, por favor, déjame entrar... que no he hecho nada, que no tengo nada.... Mama, que me estoy muriendo.

**Paco** — ¡Hijo de puta! Sé que has sido tú quien me ha *birlao* las piezas de la moto, ¡como te pille te mato!

**Encarna** — ¡Luis, vete, márchate! ¿No ves que tu madre ya no tiene ni un duro?

**Fina** — La ha *dejao* con un mano delante y otra detrás.

**Juanjo** — Se lo ha *chutao to.*

**Hijo** — Mama, por favor, tengo miedo.

**Tica** — Llama a la policía, que se lo lleven.

**Hijo** — Mamaaaaaa.

**Juanjo** — ¡Cállate ya, yonki de mierda!

**Agustín** — ¡Luis, vete ya o llamaremos a la policía!

**Hijo** — ¡Quiero ver a mi madre, mamaaaaaa!

**Pilar** — ¡Pero ella no quiere verte más! Hasta que no cambies no la vas a volver a ver.

**Fina** — ¡Sinvergüenza, drogadicto, mal hijo!

**Tica** — Con lo buen niño que era de pequeño.

**Encarna** — ¡Madre mía, qué *delgao* está!

**Tica** — A mí me da miedo.

**Encarna** — Dicen que el otro día sacó la navaja en el estanco.

**Hijo** — ¡Mamaaaaaa, abre!

**Fina** — ¡Que la dejes en paz!

**Tica** — ¡Pobre Nati! Viuda tan joven y con un hijo drogadicto.

**Pilar** — Al menos ya no se pincha en nuestro portal.

**Hijo** — ¡Si no abres me mato, me mato!

**Fina** — ¡Pues hazlo! A ver si por fin tu madre respira.

**Hijo** — ¡Mamaaaaaa!

**Paco** — ¡Cállate ya, chorizo!

**Hijo** — Mama, si no me abres me tiro a un coche, ¡me tiro!... ¡Mírame!

**Tica** — Agustín: llama a la policía que se ha *tumbao* en la carretera, ¡llama a la policía!

**Agustín** — ¡Que ya he *llamao*!

**Tica** — ¿Y por qué tardan tanto?

**Pilar** — Se ve que este barrio les pilla lejos...

**FINA** — Luis: si aún quieres un poco a tu madre, levántate ... No le hagas pasar otra vez por esto... Luis, escúchame, ¡vete ya!

**JUANJO** — Abuela: que está con el mono, ¡no se entera de *ná*!

**TICA** — A mí me da miedo.

**HIJO** — ¡Hija de putaaaa! Es mi casa... quiero entrar en mi casa... Mamaaaa.... Mamaaaa.... Abre, abre o me mato, ¡me mato!

**TICA** — Todas las semanas igual.

**ENCARNA** — Hasta que un día reviente.

**FINA** — Ojalá lo haga pronto.

**PILAR** — ¡Vas a matar a tu madre, *desgraciao*!

**PACO** — ¡Vete al huerto a chutarte y déjanos en paz!

**JUANJO** — Eso quiere él... pero no tiene guita.

**FINA** — ¿Y tú cómo lo sabes?, ¿es que tú también te pinchas?

**JUANJO** — ¡Que yo solo fumo porros, joder!

**FINA** — Así se empieza, así se empieza...

**PACO** — ¡Como te vea con una jeringuilla te reviento el alma!

**FINA** — Mierda de barrio.

**HIJO** — ¡Mamaaa...eres mala, eres mala...!

**AUTOBUSERO** — ¡*Desgraciao*!, ¿qué coño haces ahí? ¡Que casi te atropello!

**HIJO** — ¡Por tu culpa, mama, por tu culpa...!

**AUTOBUSERO** — ¡Levántate, coño!

**MOTORISTA** — ¡Pero payo: mueve el autobús!, ¡que estás haciendo cola...!

**AUTOBUSERO** — ¿Y qué quieres qué haga?, ¿que me lo lleve por delante?

**HIJO** — Déjame entrar, mama... ¡déjame o me matan!

**MOTORISTA** — Me *cagüen* tus muertos, ¡levántate del suelo!

**PILAR** — Qué lástima...con la de veces que le he *dao* la merienda de pequeño.

**ENCARNA** — Míralo, está en los huesos.

**TICA** — A mí me da miedo.

**HIJO** — ¡Mamaaaaa... mamaaaaaa!

*Se oyen sonar los cláxones de los coches, el autobús, la moto... Los perros ladran. Una sirena de la policía se acerca. Se oyen las voces de los vecinos y el hijo que no cesa de llamar a su madre. Nati está tirada en el suelo, acurrucada; llora y se tapa los oídos. Sube el volumen de la tele. Se mezclan los ruidos de la calle, las sirenas, los perros, la niña que canta y el hijo que chilla. Nati se ahoga en un grito que no suena y, desesperada, agarra la botella de lejía... y bebe. Oscuro.*

***La noche. 2000.***

*Oscuridad. Una caja acoge el zumbido de una fiesta. Un grave de un altavoz a máxima potencia. La música crece, progresiva, al igual que la luz, hasta nacer una pista de baile y, en el centro, debajo de los focos, debajo de la bola de cristal, ELLA, baila. Lleva un vestido blanco, pedrería, reluciente, gafas de sol, peluca. ELLA baila en el centro de la pista, baila exultante, ruidosa, vibrante. La música explota, su cuerpo explota. Delirio. Hasta que se oye una voz.*

**VOZ** — ¿33?... ¿33?... ¿33?... ¡¡¡33!!!

**ELLA** — *(Deteniéndose)*¡¡¡YO!!

*Silencio. La música cesa. Las luces cambian. El espacio se transforma.*

*Pasillo de un supermercado, frente a la carnicería.*

**VOZ** — ¿Qué desea?

**ELLA** — ¿Que qué deseo?

¿De verdad...?

Yo...

(*Pausa*)

Un momento

vayamos por partes

poquito a poco

no corramos

(*Respira*)

De momento, ponme lo de siempre...

(*Pausa*)

¿Pero por qué te quedas parado?

¡Claro!

No me has reconocido

no sabes quién soy, ¿verdad?

Es que estoy muy cambiada.

Parezco otra, lo sé...

Es premeditado.

Pero aunque no lo parezca, soy yo.

Soy la que baja todos los martes

y te pide un pollo de corral

con los cuartos abiertos para hacer al horno

y las pechuguitas fileteadas en dos bandejitas para congelar...

Sí, soy esa.

Pero no te quedes parado, disimula...

Sigue trabajando...

no quiero que te llamen la atención por mi culpa...

Además, te están vigilando:

las cámaras, la charcutera, el guardia de seguridad...

Vigilando, siempre vigilando...

así que prepara el pollo como siempre

pero presta atención a lo que te voy a decir

porque esta es la última vez

que vengo a comprar a este supermercado

a esta carnicería.

¡No mal pienses!

Estoy muy contenta contigo

no hay clienta más satisfecha que yo...

Pero esto tenía que llegar a su fin...

Ay, no te cortes

afila bien el cuchillo

no te hagas daño...

aunque el daño, el daño ya está hecho.

No me mires

disimula

eres un profesional...

tú trabajando de cara al público

habrás visto de todo, ¿verdad?

Pero esto no te lo esperabas...

nadie se lo esperaba.

Fíjate: tengo al segurata en una esquina

ojiplático

no sabe qué hacer...

Pero yo tengo mi ticket

el número

he hecho cola y es mi turno

¡mi turno!

No me mires, no me mires más...

Esos malditos ojos tuyos son los culpables de todo...

deberías estar prohibido...

no se puede dejar a un peligro como tú que campe a sus anchas...

ay qué ojos

uno azul y otro verde...

¡eso no es normal!

**Voz del carnicero —** ¿Cómo quiere las alas?

**Ella —** ¿Las alas?

¿Las alas?

¡Partidas!

Si ya no van a volar

¡Las alas partidas!

¿Pero por qué me lo preguntas?

Llevo un año pidiéndote lo mismo...

No, no te hagas el tonto

sabes perfectamente quién soy...

Pero esa mujer se acabó.

Y esta que tienes delante solo durará un instante

porque yo soy incapaz de mantenerme así durante/

( ¡No te justifiques!, ¡no te justifiques!Dí lo preciso, lo importante)

Esta noche es muy importante porque...

mañana me mudo de piso

de calle

de barrio

me mudo de supermercado

y por eso hoy he venido a...
a despedirme.
Ya está, lo has dicho.
Te ha costado tres tequilas (y una cosita más)
¡pero lo has dicho!
Y en cuanto salgas por esa puerta
no le volverás a ver jamás...
Aún no me creo que esté haciendo esto...
pero me lo han recomendado
mi médica
mi fisio
mi mejor amiga
y una tarotista telefónica que cobra por adelantado
y te manda la tirada en correo certificado...
¡todas me lo han recomendado!
Que lo haga
que haga esto
porque no hay peor arrepentimiento
que aquello que no llegaste a hacer...
y yo llevo semanas, meses, ¡un año!
construyendo en mi cabeza una situación un tanto absurda
y salvaje y sucia y lasciva y torpe
y un poquito adolescente
una situación en la que tú y yo
esta noche

dejaremos al fin de hablarnos a través de esta pared de metacrilato....

¡No te asustes!

No te pongas nervioso

¡no llames al encargado!

me detesta...

y la de la pescadería también...

y la cajera

y el reponedor

y el guardia de seguridad.

Míralo, ahí está, plantado, fisgoneando...

No deberían tratarme así

porque yo soy socia de este supermercado

de esta cooperativa

porque somos cooperativa, ¿no?

¡Somos cooperativa!

¡Pues cooperemos!

¡Cooperemos!

Mañana me mudo y me iré lejos, muy lejos...

al arrabal y/

¿tú dónde vives?

¡No me lo digas, no lo quiero saber!

Nunca más pisaré este supermercado

mi cooperativa de consumo...

tengo un montón de cheques descuento

que voy a canjear en esta compra...

Voy a llenar el carro y no voy a pagar ni un duro...
un año guardando los chiquiprecios
y las megaofertas
los bonos y ticket descuento...
¡Estoy nerviosa!
¡Estás dando un rodeo!
¿El filete? Fino, sí, fino...
entre tus ojos y esa manera de cortar la pechuga...
¿cómo he podido caer en esta trampa?
¡Pero no es amor!
No es amor...
lo que yo siento no es amor
es peor...
¡obsesión!
Estoy diagnosticada
pero no tengas miedo, soy inofensiva... y discreta
bueno, hasta hoy he sido muy discreta
y no te has dado cuenta pero...
Llevo un año bajando a este supermercado día sí y día no
para mirarte a lo lejos, sí,
en la distancia...
Cómo me gusta que la bodega esté enfrente de la carnicería...
porque allí, en la bodega,
mirando vinos
nadie te dice nada
porque es normal pasar tiempo

mucho tiempo
observando las botellas
las etiquetas
las graduaciones
los viñedos
la denominación de origen...
¡¡horas en la bodega
frente a la carnicería
para mirate
a lo lejos!!
Y una vez a la semana
pedirte un pollo...
¿Por qué te pusieron en la carnicería y no en el horno
con el pan nuestro de cada día?
Ahí podríamos haber intimado más fácilmente
poquito a poco...
pero no:
lo nuestro fue difícil desde el principio...
¡Pero no es amor!
No... no te alarmes...
aunque supongo que no es la primera vez que te pasa esto...
con esos ojos...
uno azul y otro verde...
no es la primera vez
¡pero a mí sí!
Es la primera vez que pierdo el sentido

por un desconocido que me habla a través de una pared de metacrilato

y lleva un uniforme tan desfavorecedor

con ese gorrito de lado, tan ridículo...

y esos tatuajes que te asoman tras los puños de la camisa

esos tatuajes tan mediocres y baratos y ofensivamente po-pu-lis-tas...

¿Cuántos años tienes?

Por favor: dime que tienes 40

pero vas al gimnasio, haces dieta, te cuidas mucho y aparentas 25...

¿tienes 25?

¿menos?

*(Pausa)*

¡No me importa!

Yo no quiero una relación

no quiero un novio

no quiero un amante

no quiero nada que se prolongue en el tiempo.

Yo solo quiero acabar con esta obsesión

¡materializarla!

Por eso... yo solo quiero que esta noche

cuando acabes de trabajar

te montes en mi coche.

Estaré en la puerta del supermercado

esperándote.

Es un coche alquilado, rojo,

no es descapotable
pero tiene alerón
y un subwoofer muy potente.
Yo estaré dentro esperándote
para llevarte al paraíso...
esta noche te voy a llevar a un lugar donde no habrá tiempo
aún no me ha llegado la localización
es un secreto porque es una fiesta ilegal
pero no tengas miedo
es de una gente decente que solo tiene dinero
mucho dinero
mucho
mucho dinero
y mucho miedo a hacerse vieja y aburrida y predecible
y no se soportan...
por eso montan fiestas a medianoche
con bebidas y drogas
y disc-jockeys
y video jockeys
y performes conceptuales y transgénero
y happenings culinarios y situacionistas
y gogós
y remember, mucho remenber
pero fino
una cosa elegante
con camas hinchables

y edredones de plumas por si te entra frío...

¡No hace falta que pases por casa!

No te cambies de ropa, así vas perfecto...

bueno, el gorrito no hace falta...

pero llévate la malla

el guante de malla metálica...

y el delantal.

Eso...y tus ojos

suficiente.

Suficiente.

Entonces, ¿qué me dices?

¿Te gustaría venir conmigo esta noche?

¡Pero no es un cita!

No, no es una cita... es...

un rapto.

Yo te voy a raptar

pero antes lo pactamos...

pero luego tienes que hacer como que no sabes nada

lo entiendes, ¿verdad?

Es una fantasía... tú eres mi fantasía...

y normalmente me habría conformado con mirarte a lo lejos

y en la oscuridad de mi alcoba

descuartizarte mentalmente y comerte como una mantis religiosa

Antes me habría conformado con eso

pero ahora no.

Ahora todo ha cambiado
yo he cambiado
y ya no me conformo.
Ahora quiero estamparme en esta pared de metacrilato
y tener miedo
y sentirme ridícula
y prever la derrota humillada y patética...
¡Sí! Soy patética...
pero estoy viva.
¿Tú estás vivo?
Detrás de este muro, ¿estás vivo?
Ay, por favor...
Me escucho y me horrorizo:
soy un tópico
ultra-tópica
mega-tópica
macro-tópica
hiper-tópica
¡soy el top del tópico!
¡Pues sí!Lo acepto: el tópico
eso de que vivir sea peligroso y excitante.
Y embriagarme
¡ Y desintegrarme!
Por eso...
Quiero que me beses y me arranques los labios
que tu lengua absorba toda mi sustancia

quiero que mi sangre galope en ese beso en mitad de la pista
quiero bailar y quitarme la ropa
y sentir el zumbido grave que se cuela entre los poros
hacer el amor encima de un altavoz gigante
no escuchar tu voz
solo tu sangre
la estampida de las células
penetrarme encima de un altavoz
y que amanezca despeinada
borracha
sucia
feliz
exhausta
completamente rota y reventada
tan cansada que no pueda pensar
ni decidir
ni hacer balance de la noche
porque aún seremos noche...
yacer desparramada en esa pista de baile
con tu cuerpo encima, asfixiándome...
muriendo lentamente como mueren las estrellas al amanecer...
y sentir el rocío limpiándonos los besos
borrando las huellas del mordisco
las uñas
fluidos
sudor

espasmos

músculos

dedos...

Dejar que el rocío limpie nuestros cuerpos

tirados en el suelo

y escuchar a los pájaros reírse de nuestro sueño...

Y tener hambre

volver a tener hambre

ese hambre que solo dan las batallas cuerpo a cuerpo.

Volver a sentir ese hambre

solo pido eso...

y comer

devorar un desayuno

y pedir otro, y otro , y otro...

y volver a los besos

a los cuerpos...

pero ahora suave, sencillo, despacio...

hasta ver aparecer el sol.

Luego, montarnos en el coche rojo

sin hablar

y vomitarte en la puerta del supermercado

para no volver a vernos nunca más.

Regresar a mi piso vacío

perfectamente vacío

sin señal alguna de mi paso

recién pintado...

y entregar las llaves al dueño
dejándole de regalo
un arcón frigorífico
con 54 pollos de corral congelados.
Uno por cada martes
de estos 365 días compartidos en la distancia
sin apenas hablarnos.
Un arcón frigorífico...
(hace más de veinte años que no como carne)
lo tuve que comprar.
Hoy es martes, 8.45 de la tarde.
En una hora, estarás fuera.
Y yo estaré esperándote
en el coche rojo.
No es descapotable
pero será como un rapto.
Ya que nadie ha venido a secuestrarme
ya que nadie ha venido a sacarme del arcón frigorífico
ya que nadie vino a destrozarme la rutina
ya que nadie me sacó del tedio de la supervivencia
y harta de esperar a que esto sucediera...
cambié de bando.
Ahora la presa se vuelve raptora.
Ahora seré yo quien sorprenda a la vida.
*(Pausa)*
¿Por qué me miras así?

¿Por qué te quedas callado?

¿No tienes nada qué decir?

¿Por qué...?

*(Silencio)*

¿Estás llorando?

¿te he hecho llorar?

Perdona, yo...

Esto no lo tenía previsto...

Yo esperaba un sí...

o un no...

pero esto...

No llores, por favor, perdóname

no era mi intención...

no volveré a molestarte nunca más...

esto no ha pasado

desaparezco...

Uno azul y otro verde...

Lloras como un niño...

¿Cuántos años tienes?

**Voz del carnicero** — 22, 22 años...

*(Pausa)*

**Ella** — Podría ser tu madre...

*(Gran pausa)*

Pero no lo soy.

*La música suena de nuevo; las primeras luces renacen; Ella volverá a bailar; los primeros gestos de la noche hasta que, de pronto, se transfigura en otra.*

¡Bueno: ya está bien!

¿Quieres parar de una vez?

Todo el día fantaseando

¡Céntrate!

¡Cuánta tontería!

Sí, mucha tontería es lo que tienes tú.

¡Venga, a la faena!

A lo que tienes que hacer.

Acéptalo: ¡esto es lo que tienes que hacer!

***La oposición. 2021.***

*La Mujer extrae, de unas cajas, libros, apuntes y libretas que coloca montando un escritorio de estudio. Se quita la ropa, los tacones y la peluca, y se viste con una camiseta vieja, se pone las gafas de lectura y abre un gran libro titulado OPOSITA Y CALLA. Acciona una grabadora que escupe, en bucle, los artículos de la Constitución española. A medida que avance el tiempo, la Mujer irá sintiendo más frío, colocándose prendas de abrigo: chándal, zapatillas, abrigo, gorro, batín, jerséis, bufandas, edredón, manta... Transformándose en una mole de la que solo vemos ya sus pequeños ojos. A su lado, una vieja estufa que no se atreve a encender.*

**GRABADORA**

*Artículo 14. Igualdad ante la ley*

*Los españoles son iguales (IGUALES) ante la ley, sin que pueda prevalecer discriminación alguna por razón de nacimiento, raza, sexo, religión, opinión o cualquier otra condición o circunstancia personal o social.*

*Artículo 15. Derecho a la vida*

*Todos tienen derecho (DERECHO) a la vida y a la integridad física y moral, sin que, en ningún caso, puedan ser sometidos a tortura ni a penas o tratos inhumanos o degradantes (DEGRADANTES). Queda abolida la pena de muerte, salvo (SALVO) lo que puedan disponer las leyes penales militares para tiempos de guerra.*

*Artículo 31. Sistema tributario*

*Todos contribuirán al sostenimiento de los gastos públicos de acuerdo con su capacidad económica (DE ACUERDO CON SU CAPACIDAD ECONÓMICA) mediante un sistema tributario justo (JUSTO) inspirado en los principios de igualdad (IGUALDAD) y progresividad que, en ningún caso, tendrá alcance confiscatorio.*

*Artículo 35. El trabajo, derecho y deber*

*Todos los españoles tienen el deber (¿DEBER?) de trabajar y el derecho (DERECHO) al trabajo, a la libre elección de profesión u oficio, a la promoción a través del trabajo y a una remuneración suficiente (SUFICIENTE) para satisfacer sus necesidades y las de su familia, sin que en ningún caso pueda hacerse discriminación por razón de sexo.*

*Artículo 41. Seguridad Social*

*Los poderes públicos mantendrán un régimen público de Seguridad Social para todos los ciudadanos que garantice (GARANTICE) la asistencia (LA ASISTENCIA) y prestaciones sociales suficientes (SUFICIENTES) ante situaciones de necesidad (NECESIDAD), especialmente, en caso de desempleo. La asistencia y prestaciones complementarias serán libres.*

*Artículo 47. Derecho a la vivienda. Utilización del suelo*

*Todos (TODOS) los españoles (LOS ESPAÑOLES) Todas (TODAS) las españolas (LAS ESPAÑOLAS) tienen derecho (DERECHO) a disfrutar de una vivienda (VIVIENDA) digna (DIGNA) y adecuada (ADECUADA). Los poderes públicos promoverán las condiciones necesarias y establecerán las normas pertinentes para hacer efectivo este derecho, regulando la utilización del suelo de acuerdo con el interés general para impedir la especulación (ESPECULACION). La comunidad participará en las plusvalías que genere la acción urbanística de los entes públicos.*

**Ella**

TODOS LOS ESPAÑOLES TIENEN DERECHO A UNA VIVIENDA DIGNA TODOS LOS ESPAÑOLES TIENEN DERECHO TODAS LAS ESPAÑOLAS TIENEN DERECHO A UNA

VIVIENDA UNA VIVIENDA UNA VIVIENDA UNA VIVIENDA DIGNA DIGNA DIGNA DIGNA TIENEN DERECHO A UNA UNA UNA UNA VIVIENDA UNA VIVIENDA UNA VIVIENDA DIGNA UNA VIVIENDA TIENEN DERECHO TENGO DERECHO TENGO DERECHO A DISFRUTAR TENGO DERECHO A DISFRUTAR DE UNA TENGO DERECHO A DISFRUTAR DE TODOS DE TODOS LOS ESPAÑOLES TENGO DERECHO A DISFRUTAR DE UNA VIVIENDA TENGO DERECHO A UNA TENGO DERECHO ¿TENGO DERECHO?¡TENGO!¡TENGO! ¡TENGO FRÍO!

Tengo frío en esta vivienda digna que disfruto porque soy española y tengo derecho a una vivienda digna , muy digna, y adecuada y española y tengo, ¡tengo!, una vivienda y frío, tengo frío, toneladas de frío en esta ciudad del sol, en esta tierra de las flores , de la luz y del calor...

Tengo frío mientras leo y memorizo la constitución, nuestra constitución, vuestra patria en papel; tengo frío en esta vivienda digna y yo me pregunto, me cuestiono, me interrogo, me repito...¿dónde está mi derecho a encender la estufa? Ya quemé mis títulos, mis certificados, mi licenciatura, mi máster, mi postgrado, mi tesis, mi doctorado, mi nivel c-1, c-2, c-porras de todos los idiomas comunitarios oficiales, paranormales y en peligro de extinción... He quemado todo el papel que he acumulado en estos 40 años... todas las solicitudes denegadas por no cumplir los requisitos.¡Pero que yo solo quiero encender la estufa! Dejar de sentir este frío, este frío instalado en los huesos...

Nos creímos aquel cuento que nos contaron nuestros padres, nos lo creímos, aquel cuento de la educación como vía para la escala social... y sí, estudiamos todos, aquellos niños de barrio periférico, logramos llegar a la universidad, la primera generación con estudios universitarios, ¡la primera! Qué orgullosos nuestros padres: aquellos albañiles y fontaneros y mecánicos y agricultores y pintores y tenderos; aquellas amas de casa, aquellas modistas, aquellas limpiadoras, aquellas esclavas a tiempo completo, qué orgullosas: nuestros hijos, pero sobretodo, nuestras hijas, ¡estudian!

Pero es que claro, había que elegir mejor, había que hacer lo correcto... Porque uno, una, para escalar tenía que ser abogado, médico, dentista, arquitecta, ingeniero, empresario, historia del arte

*¿Qué has dicho?*

Historia del arte...

*¿Y eso qué es, hija? ¿Eso pa qué sirve? ¿Eso se estudia en la universidad? ¿Historia... del arte? ... ¡De helarte de frío! Eso no sirve pa ná, ¡pa ná!*

Porque los pobres, por necesidad, han de ser prácticos, concisos, concretos, físicos, sólidos, perdurables, razonables... si no, ¿cómo vas a encender la estufa?

*Dime, hija: ¿cómo vas a encender la estufa?*

Porque el pobre no tiene derecho a perder el tiempo, a recrearse en la nada, a buscar el hálito de la belleza viajera; el pobre no tiene derecho a recrearse en la belleza, a ocuparse de las bellezas; al pobre, la pobre, no le está permitido lo improductivo, lo innecesario, lo etéreo; el pobre ya tiene bastante con llenar el estómago y que no se le hielen las carnes... Y aspira a que los suyos, los siguientes, puedan encender la estufa sin temor a ese recibo que les acecha...

*Filólogos, historiadores, pedagogos, pintores, actores, guitarritas, escritores, poetas, ¡mala yerba! Hija: tú sácate la oposición, ¡sácate la oposición!*

Y yo fui afortunada porque a pesar de no comprender, de no entender, de no estar de acuerdo, ellos, mis padres, me dejaron hacer... Y yo llegué a la universidad, a aquella mole, aquella mansión del conocimiento, y durante cinco años soporté la liturgia de la desolación al compás del carro de la diapositiva:

TÍTULO-AÑO-AUTOR-CLICK- TÍTULO-AÑO-AUTOR-CLICK-
TÍTULO-AÑO-AUTOR-CLICK- TÍTULO-AÑO-AUTOR-CLICK-

TÍTULO-AÑO-AUTOR-CLICK- TÍTULO-AÑO-AUTOR-CLICK- TÍTULO-AÑO-AUTOR-CLICK- TÍTULO-AÑO-AUTORA

*¿AUTORA?, ¡¿AUTORA?!*

-CLICK-

Y yo en la facultad, bueno, en la cantina de la facultad, me obnubilé, fantaseé, me hice agua... y me perdí, como tantos, como tantas, en esa fiesta perpetua de la creación, del hallazgo, del encuentro, del regocijo de compartirnos, de la alegría por contemplar la proeza diaria de no sentirnos solo... supervivientes.

Pero claro ...

esta manía de comer, de llenar el estómago, de no estar a la intemperie, de no sentir frío... porque yo aguanto el frío pero, ¿ y los niños?, ¡mis hijos!, ¡nuestros hijos!

*Hija mía, ¿tienes frío?* Y yo enciendo la estufa cuando la niña llega del colegio y la apago cuando no está; porque yo delante de ella soy española-universitaria-clase media...

*Hija mía, ¿tienes más hambre? (...) Cómete mi chuleta, cariño, que la mamá, la mamá ya está llena... cómetela, cariño, cómetela...*

Clase media española: me cago en la Constitución.

Porque nosotros, los niños del extrarradio, primera generación familiar de universitarios, con nuestros títulos y profesiones liberales, culturales, artísticas... ¡estamos pasando frío! Trabajando más de 12 horas al día... porque aquí nunca se descansa... todo el día trabajando, trabajando...las fauces siempre tienen hambre... y frío, mucho frío... Y mis padres, mis padres me miran con una tristeza infinita. Han perdido. *Lo siento, papás... Seguimos con el frío.*

Aunque pienso que los acomodados, los que no temen al recibo... tendrán otro frío, ese que no se calma con billetes... ese frío aposentado en el alma... sí, frío en el alma... eso me digo para tranquilizarme, para justificar todo este circo... Eso me digo.

Me engaño, me engaño... porque tú, ¿quién te crees que eres? ¿Te crees mejor que ellos? ¿Acaso crees que tu alma es mejor por ser pobre? ¿Pobre, tú?, ¿pobre de qué? ¿Pobre de espíritu, pobre de corazón, pobre energética, pobre vida... ?

Mira, yo ya no sé, y no tengo tiempo para disertar, porque los pobres no tenemos tiempo, y yo no sé nada, ya no sé nada. Sólo sé que tengo frío... y que algo tendré que quemar, algo que prenda y me caliente... ¿qué prendo, qué quemo? ¿Las cajas? Cajas de 40 años... hoguera buena, combustible de primera. Total... si las prendo volverán a reproducirse. Y otra vez otra mudanza, otra casa, otra vida, otra persecución, otro fracaso, otra epopeya, otra caricia... y yo seguiré igual: ¡mutante!

Nosotros que nos creímos aquello de la educación como escala social

Nosotras, amigas, que seguimos creyendo en el arrebato, en la furia, en la pasión, en el arranque... que sí, que duele, que sangra, que mancha... ¡pero qué le vamos a hacer! ¡Somos así!

Y sí, caballeros, sí, ya... caballeros: disculpen la intensidad.

La intensidad.

*Silencio.*

Y por eso

por la intensidad

lo primero que voy a quemar es el temario de la oposición.

Ya está, no quiero, no puedo, ¡me rindo!

Voy a quemar este temario

esta agonía

¡y este miedo a no tener!

¡Todo...!

por el azul cian

por unos ojos

por un desconocido

por una fantasía que me libere del deber

por el azul

por lo que brilla

por la voz

por esa melodía que se cuela entre los poros y no tiene nombre ni letra pero resuena incansable haciéndome creer que todo es sueño

por el azul

y los patios de vecinas

y por todos los yonkis de mi barrio deambulando dormidos mostrando esas venas que querían huir

por tenerles miedo y asco y un profundo amor cuando caían desplomados en el asfalto

por el azul

y por las verbenas y las noches compartidas

por los porrones y la lambada

por no saber bailar la lambada pero bailarla

por creernos de otro lugar sin patria ni banderas

por el Titi

por la Nati

por mi madre

por mi hija

por el poema

porque aún quedan sonrisas

y este calor, este ansia, estas ganas de comerme la vida

¿Frío?

¿¡Quién tiene frío!?

Lava ardiente mis días.

Aunque esté sola.

Sin estufa

sin marido

sin nómina

sin tiempo

sin apellido

sin casa

yo, ¡sigo viva!

La máxima revolución

¡sigo viva!

Y estoy...

estoy...

estoy como nunca.

¡Estoy como nunca!

...

¡¿o no?!

**Begoña Tena Moya**

Castelló de la Plana, 1978.

Autora, actriz, cantante y directora. Es licenciada en Historia del Arte y diplomada en Arte Dramático. Realiza cursos de escritura con el autor Paco Zarzoso y Arte intermedia con el poeta y performer Bartolomé Ferrando. Sus primeros trabajos se enmarcan dentro del arte de acción, y la música experimental, con el dúo sonoro *Antorcha Amable*. En el año 2007 recibe el accésit del *Premio internacional para Autoras Dramáticas Mª Teresa León* (A.D.E) con su obra *Acuática* y comienza a centrar su actividad en la escritura. Realiza piezas colectivas como *Zero Responsables, Els Nostres o Valèntia*; encargos para creadores como *Kòktel Molotov* con Pep Ricart; dos piezas sobre el barrio del Cabanyal con Xavier Puchades; el libreto *Invisibles*, musical de gran formato con el compositor Luis Serrano Alarcón, y media docena de piezas cortas estrenadas en festivales de teatro próximo. En 2019 recibe el premio ex aequo de la Crítica Valenciana y el premio al mejor texto en los Premios de las Artes Escénicas de la Generalitat Valenciana por su obra *Tórtola*, escrita dentro de la *I Insula Dramataria Josep Lluís Sirera.* En 2020 recibe el Premi Nacional Ciutat de Castelló por su obra *Errantes*. Y en 2025, el Premio de Teatro Infantil y Juvenil Escalante por *L'udol.* Lleva más de 20 años trabajando como actriz en diferentes compañías de teatro; y realizando talleres de escritura y dramaturgia en festivales y escuelas de Valencia.